Fortaleza Digital

Domina la IA, la Automatización y las Estrategias para Crear Riqueza en 2025 y Más Allá

CONSULTORIA IA

Fortaleza Digital

Domina la IA, la Automatización y las Estrategias para Crear Riqueza en 2025 y Más Allá

CONSULTORIA IA

Consultoria IA

Fortaleza Digital

Domina la IA, la Automatización y las Estrategias para Crear Riqueza en 2025 y Más Allá

Copyright © 2024 by Consultoria IA

All rights reserved. No part of this publication may be reproduced, stored or transmitted in any form or by any means, electronic, mechanical, photocopying, recording, scanning, or otherwise without written permission from the publisher. It is illegal to copy this book, post it to a website, or distribute it by any other means without permission.

First edition

This book was professionally typeset on Reedsy

Find out more at reedsy.com

CONTENIDOS

Reseña

Audiencia objetivo

Razones para Leer "Fortaleza Digital"

Prólogo

Capítulo 1: El Despertar Digital: Comprendiendo el Poder de la IA y la Automatización

Capítulo 2: Estrategias para Crear Riqueza en la Era Digital

Capítulo 3: De la Disrupción al Dominio: Cómo Aprovechar el Cambio Tecnológico

Capítulo 4: Automatiza y Escala: El Camino hacia el Ingreso Pasivo Inteligente

Capítulo 5: Mentalidad Futurista: Preparándote para 2025 y Más Allá

Apéndices

Fortaleza Digital: Domina la IA, la Automatización y las Estrategias para Crear Riqueza en 2025 y Más Allá

Reseña de "Fortaleza Digital: Domina la IA, la Automatización y las Estrategias para Crear Riqueza en 2025 y Más Allá"

Este ebook es una guía visionaria para navegar y prosperar en la era digital, diseñada para emprendedores, profesionales y líderes que buscan capitalizar las oportunidades únicas que ofrece el futuro tecnológico. Combina insights profundos sobre inteligencia artificial, automatización y tendencias globales con estrategias prácticas para crear riqueza sostenible y adaptarse a un mundo en constante evolución.

El libro abarca temas esenciales como la implementación de IA en negocios, la automatización de procesos para maximizar la eficiencia y la construcción de sistemas escalables que generan ingresos pasivos. Además, proporciona consejos sobre cómo adoptar una mentalidad innovadora y aprovechar herramientas digitales para mantenerse relevante y competitivo en mercados disruptivos.

Escrito con un enfoque claro y accesible, "Fortaleza Digital" no solo educa, sino que inspira a sus lectores a transformar desafíos tecnológicos en oportunidades lucrativas, preparándolos para un 2025 lleno de posibilidades.

La audiencia objetivo de "Fortaleza Digital: Domina la IA, la Automatización y las Estrategias para Crear Riqueza en 2025 y Más Allá" incluye:

1. Emprendedores y Propietarios de Negocios

Personas que buscan implementar tecnologías avanzadas como IA y automatización para optimizar procesos, reducir costos y aumentar ingresos.

Empresarios interesados en estrategias para escalar negocios y crear fuentes de ingresos pasivos.

2. Profesionales en Transformación Digital

Líderes empresariales, consultores y estrategas que trabajan en la transformación digital de organizaciones y necesitan un marco para integrar herramientas tecnológicas de manera eficiente.

Aquellos que quieren destacar en sus campos aplicando innovación y tecnología.

3. Inversionistas y Creadores de Riqueza

Inversionistas interesados en entender las nuevas oportunidades económicas derivadas de tecnologías emergentes.

Personas que buscan diversificar ingresos aprovechando modelos de negocio digitales.

4. Entusiastas de la Tecnología y Futuristas

Personas apasionadas por la inteligencia artificial, la automatización y el futuro del trabajo.

Aquellos que desean estar a la vanguardia de las tendencias tecnológicas y económicas.

5. Estudiantes y Profesionales en Crecimiento

Estudiantes o jóvenes profesionales que desean adquirir habilidades prácticas para destacar en el mercado laboral del futuro.

Personas en transición de carrera que buscan ingresar a sectores innovadores o comenzar un emprendimiento digital.

En resumen, este libro es para quienes desean no solo adaptarse, sino liderar el cambio en un mundo cada vez más impulsado por la tecnología.

Razones para Leer "Fortaleza Digital"

Domina las Tecnologías del Futuro

El libro te brinda una comprensión clara y práctica de cómo usar la inteligencia artificial y la automatización para crear ventajas competitivas, tanto en negocios como en tu vida profesional.

Estrategias Probadas para Crear Riqueza

No solo se trata de teorías, sino de tácticas concretas que puedes implementar de inmediato para generar ingresos, optimizar recursos y construir sistemas financieros sostenibles.

Prepárate para el 2025 y Más Allá

En un mundo donde el cambio es constante, este libro actúa como un mapa para navegar tendencias emergentes y capitalizar las oportunidades del futuro digital.

Accesible y Práctico

Está escrito en un lenguaje claro, diseñado para cualquier persona interesada en el potencial de las tecnologías digitales, sin importar su nivel de experiencia previa.

Potencia tu Mentalidad Innovadora

Más que un libro de estrategias, te inspira a pensar de manera disruptiva, desafiar paradigmas tradicionales y adoptar un enfoque proactivo para el éxito.

Para Profesionales y Emprendedores

Ya sea que quieras hacer crecer un negocio, avanzar en tu carrera o explorar nuevas fuentes de ingresos, el contenido está enfocado en ayudarte a lograr tus metas personales y profesionales.

Prólogo de "Fortaleza Digital: Domina la IA, la Automatización y las Estrategias para Crear Riqueza en 2025 y Más Allá"

Vivimos en una era de transformación sin precedentes. La inteligencia artificial, la automatización y las tecnologías emergentes no solo están cambiando la manera en que trabajamos, vivimos y nos relacionamos, sino que están redefiniendo los cimientos mismos de la economía global. En este contexto de constante disrupción, hay dos opciones: ser arrastrado por la corriente del cambio o aprender a navegarla con destreza y confianza.

Escribí este libro para quienes eligen la segunda opción. Este no es un manual técnico lleno de jerga incomprensible, ni una visión utópica sobre un futuro lejano. Es una guía práctica y realista diseñada para ayudarte a entender las fuerzas que están moldeando el mundo y cómo aprovecharlas para construir riqueza, relevancia y éxito sostenible.

Durante años, he sido testigo de cómo la tecnología, correctamente aplicada, puede ser una herramienta poderosa para transformar vidas y negocios. Desde emprendedores que automatizan procesos y liberan tiempo para enfocarse en la estrategia, hasta profesionales que han dado un giro a sus carreras al especializarse en áreas tecnológicas de alta demanda, los casos de éxito están al alcance de quienes están dispuestos a aprender, adaptarse y actuar.

Sin embargo, este libro no es solo acerca de tecnología. También es acerca de mentalidad. En un entorno donde el cambio es la única constante, aquellos que prosperan no son necesariamente los más inteligentes, sino los más ágiles. Quiero invitarte a desarrollar esa agilidad, a cuestionar lo que das por sentado y a pensar de manera estratégica en cómo el futuro puede convertirse en tu aliado.

Lo que tienes en tus manos es más que un libro: es una herramienta de transformación. Cada capítulo está diseñado para inspirarte, equiparte con conocimiento práctico y ayudarte a dar pasos concretos hacia un futuro más próspero. Mi objetivo es que, al terminar esta lectura, no solo tengas claridad sobre lo que viene, sino que te sientas empoderado para convertirlo en una oportunidad única.

El 2025 está a la vuelta de la esquina, y más allá de esa fecha, se abre un horizonte lleno de posibilidades. Te invito a caminar juntos hacia ese futuro, no con temor, sino con la fortaleza que te da el conocimiento y la acción estratégica.

Bienvenido a "Fortaleza Digital". Tu viaje hacia la transformación comienza ahora.
CONSULTORIA IA

Capítulo 1: El Despertar Digital: Comprendiendo el Poder de la IA y la Automatización

En las primeras décadas del siglo XXI, el mundo ha sido testigo de una revolución tecnológica sin precedentes. La inteligencia artificial (IA) y la automatización no solo están transformando industrias, sino también redefiniendo el concepto de trabajo, riqueza y progreso humano. Este capítulo explora cómo estas tecnologías emergentes están marcando el inicio de una nueva era y cómo su impacto ya se siente en nuestras vidas cotidianas, en los negocios y en la economía global.

La Cuarta Revolución Industrial: Un Cambio de Paradigma

La Cuarta Revolución Industrial, como ha sido denominada, se caracteriza por la convergencia de tecnologías digitales, físicas y biológicas. A diferencia de las revoluciones industriales anteriores, que se centraron en la mecanización, la electrificación y la digitalización, esta nueva etapa está impulsada por la capacidad de las máquinas para aprender, razonar y adaptarse. La inteligencia artificial, como columna vertebral de esta revolución, está redefiniendo los límites de lo que es posible.

En esencia, la IA permite a las máquinas procesar datos a una velocidad y escala que superan la capacidad humana. Esto no solo facilita tareas repetitivas, sino que también permite la toma de decisiones complejas en fracciones de segundo. En combinación con la automatización, estas capacidades están transformando sectores enteros, desde la manufactura hasta la salud, pasando por la educación y las finanzas.

IA y Automatización: Más Allá de la Ciencia Ficción

Durante décadas, la IA fue considerada un concepto relegado a la ciencia ficción, pero hoy es una realidad palpable. Los sistemas de aprendizaje automático (machine learning) y el aprendizaje profundo (deep learning) han alcanzado niveles de sofisticación que permiten aplicaciones prácticas en una variedad de ámbitos. Desde asistentes virtuales como Siri y Alexa hasta algoritmos que predicen patrones de consumo, la IA se ha integrado de manera silenciosa pero significativa en nuestras vidas.

Por otro lado, la automatización, que inicialmente se limitó a tareas físicas en la industria manufacturera, ahora abarca procesos cognitivos. Las herramientas de automatización robótica de procesos (RPA, por sus siglas en inglés) permiten a las empresas automatizar tareas administrativas como la gestión de facturas, el servicio al cliente y el análisis de datos. Esta combinación de capacidades está eliminando barreras tradicionales y aumentando la eficiencia de manera exponencial.

Impacto en el Mercado Laboral: Amenaza u Oportunidad

Uno de los debates más acalorados en torno a la IA y la automatización es su impacto en el empleo. Por un lado, existe un temor generalizado de que estas tecnologías desplacen a los trabajadores humanos, especialmente en tareas repetitivas y rutinarias. Por otro lado, también se argumenta que crearán nuevas oportunidades laborales en áreas que ni siquiera podemos imaginar.

Históricamente, cada revolución industrial ha generado temor a la obsolescencia laboral, pero también ha dado lugar a la creación de nuevas industrias y puestos de trabajo. Lo mismo ocurre con la Cuarta Revolución Industrial. Los empleos en campos como la ciencia de datos, la ciberseguridad y la ingeniería de software están en auge, y la demanda de habilidades relacionadas con la IA y la automatización sigue creciendo.

Sin embargo, la transición no está exenta de desafíos. Aquellos que no se adapten a este nuevo panorama podrían enfrentar dificultades significativas. La clave radica en la educación y la capacitación continua. Adoptar un enfoque de "aprendizaje permanente" será esencial para prosperar en un entorno laboral en constante evolución.

La IA y la Automatización en los Negocios: Un Nuevo Paradigma de Riqueza

Para las empresas, la adopción de la IA y la automatización no es una opción, sino una necesidad. Aquellas que ignoren estas tecnologías corren el riesgo de quedarse atrás frente a competidores más ágiles y tecnológicamente avanzados. La IA ofrece ventajas competitivas significativas, como la capacidad de personalizar ofertas en tiempo real, optimizar cadenas de suministro y mejorar la experiencia del cliente.

Un ejemplo notable es Amazon, cuya utilización de la IA y la automatización ha revolucionado el comercio electrónico y la logística. Sus algoritmos de recomendación personalizados, junto con una red de almacenes automatizados, le permiten ofrecer una experiencia de compra rápida y eficiente que pocos pueden igualar. Este modelo ha establecido un nuevo estándar para las expectativas de los consumidores y ha obligado a otras empresas a adaptarse o desaparecer.

Retos y Consideraciones Éticas

Con grandes poderes vienen grandes responsabilidades. La implementación de la IA y la automatización plantea una serie de cuestiones éticas y sociales que no pueden ser ignoradas.

Entre ellas se encuentran el sesgo algorítmico, la privacidad de los datos y la concentración del poder tecnológico en unas pocas manos.

El sesgo algorítmico ocurre cuando los sistemas de IA perpetúan o amplifican prejuicios existentes debido a datos de entrenamiento defectuosos o parciales. Esto puede tener consecuencias graves, especialmente en sectores como el reclutamiento laboral, el sistema judicial y la salud. Es crucial que las empresas y los gobiernos adopten medidas para garantizar que los sistemas de IA sean transparentes, justos y responsables.

Por otro lado, la privacidad de los datos también es una preocupación creciente. A medida que las empresas recopilan cantidades masivas de información sobre sus usuarios, la necesidad de proteger estos datos se vuelve más apremiante. El incumplimiento de las normativas de protección de datos no solo puede resultar en sanciones financieras, sino también en daños irreparables a la reputación de una empresa.

Preparándose para el Futuro: Estrategias Clave

Para navegar con éxito en este nuevo mundo digital, tanto las personas como las empresas deben adoptar estrategias proactivas. En el ámbito individual, desarrollar habilidades relacionadas con la tecnología y la resolución de problemas será fundamental. La alfabetización digital, entendida como la capacidad de comprender y utilizar herramientas tecnológicas, se convertirá en una competencia básica.

Para las empresas, la clave estará en integrar la IA y la automatización de manera estratégica. Esto implica no solo invertir en tecnología, sino también en talento humano capaz de gestionarla. Además, las empresas deberán ser conscientes de los cambios en las expectativas de los consumidores, que cada vez demandan más transparencia, personalización y sostenibilidad.

La colaboración también desempeñará un papel crucial. Ninguna empresa, por grande que sea, puede enfrentar sola los desafíos de esta nueva era. Asociaciones con otras organizaciones, startups y universidades podrán acelerar la innovación y garantizar que los beneficios de estas tecnologías se distribuyan de manera equitativa.

El despertar digital representa mucho más que un avance tecnológico; es una transformación fundamental en la forma en que vivimos, trabajamos y creamos valor. La inteligencia artificial y la automatización ofrecen un potencial casi ilimitado para resolver problemas complejos, mejorar la calidad de vida y generar riqueza. Sin embargo, también presentan retos significativos que requieren una reflexión cuidadosa y una acción decidida.

A medida que avanzamos hacia el futuro, es crucial que adoptemos estas tecnologías con una mentalidad abierta y un compromiso con la ética y la sostenibilidad. Solo así podremos aprovechar al máximo el poder de la IA y la automatización para crear un mundo más próspero, equitativo y resiliente.

Transformando el Mundo: Inteligencia Artificial y Automatización

En las décadas recientes, la inteligencia artificial (IA) y la automatización han emergido como fuerzas transformadoras en una era marcada por la rapidez del cambio tecnológico. Estas innovaciones no solo están remodelando industrias y mercados, sino también reconfigurando la experiencia humana de maneras profundamente personales. Para prosperar en este panorama dinámico, resulta crucial comprender los impactos y oportunidades que estas tecnologías presentan.

El Auge de la Inteligencia Artificial

La inteligencia artificial, otrora relegada a las páginas de la ciencia ficción, se ha convertido en una realidad tangible con aplicaciones que abarcan desde la medicina hasta la agricultura. Las capacidades de los sistemas basados en IA han evolucionado exponencialmente gracias a los avances en aprendizaje profundo, procesamiento del lenguaje natural y potencia computacional. Empresas como OpenAI, Google DeepMind y NVIDIA lideran el desarrollo de algoritmos capaces de analizar datos con una profundidad y rapidez que superan las capacidades humanas.

Por ejemplo, los modelos de lenguaje generativo, como GPT, no solo generan texto coherente, sino que también traducen idiomas, escriben código y crean diseños gráficos. En el sector de la salud, la IA está revolucionando el diagnóstico temprano de enfermedades mediante el análisis de imágenes médicas y la predicción de brotes epidémicos. Estas capacidades no solo optimizan procesos, sino que también salvan vidas.

Automatización: Más Allá de las Líneas de Producción

La automatización ha trascendido su aplicación original en las cadenas de montaje industrial para infiltrarse en sectores como el transporte, la logística y los servicios financieros. Vehículos autónomos prometen reducir accidentes y aumentar la eficiencia en la movilidad urbana. Al mismo tiempo, los sistemas automatizados de gestión de almacenes están optimizando la logística en un mundo cada vez más impulsado por el comercio electrónico.

Sin embargo, la automatización no está exenta de controversias. El desplazamiento laboral es un tema recurrente, especialmente en empleos repetitivos y de baja cualificación. Estudios del Foro Económico Mundial sugieren que si bien millones de empleos podrían desaparecer, también se crearán nuevas oportunidades en campos como la programación, la ciberseguridad y el análisis de datos.

Impacto en Industrias y Mercados

1. Manufactura: La Fábrica Inteligente

Las plantas de producción modernas están adoptando la "Industria 4.0", donde sensores, IoT (Internet de las Cosas) y sistemas de IA trabajan en conjunto para optimizar cada etapa del ciclo de producción. Robots colaborativos, o cobots, están revolucionando la forma en que las empresas fabrican bienes, permitiendo personalización masiva y tiempos de respuesta más rápidos.

2. Finanzas: La Era del Trading Automatizado

En los mercados financieros, los algoritmos de trading han democratizado el acceso a estrategias sofisticadas, pero también han planteado riesgos de volatilidad extrema. La automatización también está mejorando la detección de fraudes y optimizando la concesión de créditos mediante el análisis de datos en tiempo real.

3. Salud: Diagnósticos Precisos y Personalizados

La combinación de IA y automatización está revolucionando la medicina. Desde el desarrollo acelerado de vacunas hasta la cirugía asistida por robots, estas tecnologías están redefiniendo los límites de lo posible. Además, la telemedicina, potenciada por la IA, está haciendo que la atención médica sea más accesible que nunca.

4. Comercio: Del Retail al Detallado Predictivo

El comercio minorista está experimentando una transformación radical. Algoritmos de recomendación personalizados, como los utilizados por Amazon y Netflix, están redefiniendo la experiencia del cliente. Los inventarios automatizados y los sistemas de pago sin contacto han mejorado la eficiencia operativa y la satisfacción del consumidor.

Transformaciones Personales: La IA en la Vida Cotidiana

La influencia de la IA no se limita al ámbito profesional; también está remodelando nuestras vidas personales. Asistentes virtuales como Siri, Alexa y Google Assistant están haciendo que la gestión del tiempo y las tareas domésticas sean más eficientes. Las aplicaciones de salud mental basadas en IA ofrecen terapia accesible y personalizada, mientras que los sistemas de aprendizaje adaptativo están revolucionando la educación al proporcionar currículos hechos a medida.

Por otro lado, también surgen preocupaciones sobre la privacidad y el uso ético de los datos. Los usuarios están cada vez más conscientes del intercambio entre conveniencia y seguridad, lo que plantea preguntas fundamentales sobre el futuro de la privacidad individual.

Retos y Consideraciones Éticas

1. Desigualdad Económica

La adopción desigual de la IA y la automatización podría exacerbar la desigualdad entre países y dentro de ellos. Las economías desarrolladas tienen mayores recursos para invertir en estas tecnologías, dejando a las naciones más pobres en una posición desventajosa.

2. Transparencia y Rendición de Cuentas

La toma de decisiones automatizada plantea preguntas sobre responsabilidad. Por ejemplo, en casos de discriminación algorítmica o fallos en sistemas autónomos, ¿quién debe ser responsable: el programador, el usuario o la empresa que desarrolló el sistema?

3. Regulación e Innovación

Equilibrar la regulación y la innovación es un desafío constante. Una regulación excesiva podría sofocar el desarrollo tecnológico, mientras que una regulación laxa podría dar lugar a abusos y riesgos sociales.

Preparándonos para el Futuro

Para prosperar en este mundo transformado por la IA y la automatización, tanto individuos como empresas deben adoptar una mentalidad de aprendizaje continuo y adaptabilidad. Esto incluye:

Educación y Reentrenamiento: Las habilidades tradicionales están siendo reemplazadas por competencias en tecnologías digitales, pensamiento crítico y creatividad. Iniciativas como los nanogrados y los cursos en línea masivos y abiertos (MOOCs) están democratizando el acceso al aprendizaje.

Inversiones Estratégicas: Las empresas deben invertir en la adopción de tecnologías emergentes mientras garantizan la sostenibilidad de su fuerza laboral mediante programas de reentrenamiento.

Colaboración Público-Privada: Gobiernos y empresas deben trabajar juntos para desarrollar marcos regulatorios que fomenten la innovación responsable.

Conciencia Ética: Comprender y abordar los dilemas éticos relacionados con la IA es esencial para garantizar que estas tecnologías beneficien a la sociedad en su conjunto.

La inteligencia artificial y la automatización no son meras herramientas; son agentes de cambio que están redefiniendo industrias, mercados y vidas personales. Si bien presentan retos significativos, también ofrecen oportunidades sin precedentes para quienes estén dispuestos a adaptarse y aprender. En un mundo donde el cambio es la única constante, entender y aprovechar el impacto de estas tecnologías es la clave para prosperar en el siglo XXI.

Tema	Impacto/Ejemplo	Cifras/Estadísticas
Salud	Diagnósticos basados en IA y telemedicina	Se estima que el mercado de IA en salud alcanzará $67.4 mil millones para 2027 (Grand View Research).
Finanzas	Trading automatizado y detección de fraudes	Más del 70% de las transacciones bursátiles en EE. UU. son realizadas por algoritmos.
Manufactura	Adopción de Industria 4.0 y robots colaborativos	En 2022, se instalaron 517,385 robots industriales a nivel global (IFR).
Comercio Minorista	Recomendaciones personalizadas y automatización de inventarios	Amazon genera el 35% de sus ventas totales mediante recomendaciones personalizadas (McKinsey).
Automatización de Transporte	Vehículos autónomos y optimización logística	Se proyecta que el mercado de vehículos autónomos alcanzará $1.64 billones para 2030 (Allied Market Research).
Desplazamiento laboral	Riesgos en trabajos repetitivos y poco cualificados	El Foro Económico Mundial estima que 85 millones de empleos serán desplazados para 2025, pero surgirán 97 millones nuevos.
Educación	Aprendizaje adaptativo mediante IA	Se proyecta un crecimiento del 16% anual en el mercado de EdTech hasta 2028 (Research and Markets).
Privacidad y ética	Uso de datos y responsabilidad de sistemas autónomos	El 48% de los consumidores están preocupados por la privacidad de sus datos personales (Cisco, 2023).

Capítulo 2: Estrategias para Crear Riqueza en la Era Digital

En la encrucijada de la tecnología y las finanzas, la era digital ha transformado las reglas del juego para quienes aspiran a crear riqueza. Desde la automatización hasta la inteligencia artificial (IA), el panorama económico actual ofrece un conjunto sin precedentes de herramientas y oportunidades. Sin embargo, también impone nuevos desafíos. Para prosperar, es crucial no solo entender estas tendencias, sino también aprender a aplicarlas de manera efectiva.

1. Adoptar una Mentalidad Tecnológica

El primer paso para generar riqueza en la era digital es abrazar una mentalidad orientada hacia la tecnología. Esto no significa convertirse en un programador, sino ser un estratega tecnológico: alguien que entiende cómo integrar herramientas digitales en su vida y negocio.

Invertir en Educación Digital: La alfabetización digital es tan esencial como la alfabetización tradicional. Plataformas como Coursera, Udemy y Khan Academy ofrecen cursos sobre temas clave como IA, blockchain y marketing digital.

Mantenerse Actualizado: La velocidad del cambio tecnológico es vertiginosa. Dedicar tiempo semanal a leer informes de tendencias tecnológicas de fuentes confiables como Gartner o McKinsey asegura que estarás al tanto de las últimas novedades.

La mentalidad tecnológica también implica un compromiso con la experimentación. Las startups exitosas no nacen de ideas perfectas, sino de iteraciones rápidas y mejoras constantes basadas en datos.

2. Automatización: El Motor del Crecimiento

La automatización no solo reduce costos, sino que también libera tiempo y recursos para centrarse en actividades estratégicas. Desde chatbots hasta software de gestión, las herramientas automatizadas están democratizando el acceso a soluciones empresariales avanzadas.

Aplicaciones Prácticas de la Automatización:

Negocios de Comercio Electrónico: Plataformas como Shopify permiten automatizar desde la gestión de inventarios hasta el marketing por correo electrónico. Con la integración de herramientas de IA como ChatGPT, se pueden crear experiencias personalizadas para los clientes.

Finanzas Personales y de Negocios: Aplicaciones como QuickBooks o YNAB automatizan la contabilidad, eliminando el margen de error humano.

Contenido Digital: Herramientas como Hootsuite y Buffer permiten programar y gestionar publicaciones en redes sociales, maximizando el alcance con el mínimo esfuerzo manual.

La clave para aprovechar la automatización radica en identificar procesos repetitivos que pueden ser delegados a máquinas, permitiendo que las personas se concentren en decisiones de mayor valor.

3. Inteligencia Artificial: El Diferenciador Definitivo

La inteligencia artificial está redefiniendo cómo las empresas y las personas generan valor. Desde asistentes virtuales hasta análisis predictivos, las aplicaciones de la IA son ilimitadas.

Estrategias para Utilizar la IA:

Optimizar Decisiones Financieras: Los asesores financieros basados en IA, como Betterment o Wealthfront, ofrecen recomendaciones de inversión personalizadas basadas en algoritmos.

Análisis de Datos: Herramientas como Tableau y Power BI, potenciadas con capacidades de IA, permiten a las empresas analizar grandes volúmenes de datos para identificar patrones y oportunidades.

Automatización del Servicio al Cliente: Los chatbots, como los que ofrece Zendesk, utilizan IA para manejar consultas comunes, mejorando la eficiencia y reduciendo costos.

Para los emprendedores, el acceso a IA ya no está limitado a grandes corporaciones. Servicios como Google Cloud AI y AWS Machine Learning democratizan el acceso a esta tecnología, permitiendo que cualquier negocio pueda implementar soluciones avanzadas.

4. Estrategias de Monetización Digital

Generar riqueza en la era digital también implica dominar las estrategias de monetización disponibles. Desde el contenido digital hasta las criptomonedas, el abanico de opciones es amplio.

Opciones de Monetización:

Economía de la Creación: Los creadores de contenido pueden monetizar a través de plataformas como YouTube, Twitch y Patreon. La clave está en ofrecer contenido auténtico y construir comunidades comprometidas.

Modelos de Suscripción: Desde SaaS hasta boletines informativos, los ingresos recurrentes son la base de muchas empresas digitales exitosas.

Inversiones en Criptomonedas y NFT: Aunque volátiles, las criptomonedas y los tokens no fungibles representan nuevas oportunidades de inversión. Investigación y precaución son fundamentales.

Dropshipping y Comercio Electrónico: Sin necesidad de inventarios propios, modelos como el dropshipping permiten iniciar negocios con bajo capital inicial.

5. La Importancia de Construir Redes

En un mundo cada vez más conectado, el networking es un componente esencial para generar riqueza. Sin embargo, en la era digital, el networking va más allá de los eventos presenciales: las conexiones virtuales son igual de valiosas.

Consejos para Construir Redes Digitales:

LinkedIn: Más que un CV digital, LinkedIn es una plataforma para establecer relaciones estratégicas y compartir conocimientos.

Colaboraciones: Asociarse con otros emprendedores o marcas puede amplificar el alcance y diversificar las fuentes de ingresos.

Comunidades Digitales: Participar en foros y grupos en plataformas como Reddit, Discord o Slack puede abrir puertas a nuevas oportunidades.

6. Diversificación y Resiliencia

En la era digital, la diversificación no solo se aplica a las inversiones financieras, sino también a las fuentes de ingresos. Tener múltiples flujos de ingreso protege contra la volatilidad y asegura estabilidad a largo plazo.

Estrategias para Diversificar:

Crear Múltiples Negocios Online: Desde blogs monetizados hasta tiendas virtuales, la diversificación puede lograrse construyendo diferentes activos digitales.

Invertir en Activos Tangibles y Digitales: Combinar inversiones en bienes raíces, criptomonedas y acciones tecnológicas puede equilibrar el riesgo y el retorno.

Expandir Horizontes Geográficos: Aprovechar mercados emergentes puede ofrecer oportunidades lucrativas que aún no han sido explotadas.

La creación de riqueza en la era digital requiere más que un cambio de herramientas: exige un cambio de mentalidad. La combinación de una mentalidad tecnológica, el uso estratégico de la automatización e inteligencia artificial, y una diversificación inteligente puede posicionar a cualquiera para el éxito. En este entorno dinámico, la capacidad de adaptarse rápidamente y aprender continuamente es, en última instancia, el mayor activo de todos.

En un mundo en el que la transformación digital está redefiniendo los cimientos de las empresas, aprender a identificar oportunidades digitales, diversificar las fuentes de ingresos y diseñar sistemas escalables se ha convertido en un imperativo. Este artículo explora las estrategias fundamentales para dominar estos principios, tomando como base casos reales y lecciones extraídas de empresas que han sabido adaptarse a las tecnologías emergentes.

Identificando oportunidades digitales

La identificación de oportunidades digitales no es un arte mágico, sino un proceso estructurado. Comienza con una profunda comprensión del mercado y de las necesidades del cliente. Un caso paradigmático es el de Netflix, que comenzó como un servicio de alquiler de DVD por correo y supo detectar, antes que nadie, la transición hacia el streaming. Su éxito no fue un golpe de suerte, sino el resultado de un análisis detallado de las tendencias tecnológicas y de consumo.

Cómo aplicar esta estrategia:

Análisis de datos: Utiliza herramientas de Big Data para rastrear comportamientos y preferencias de los consumidores.

Mapeo de tendencias: Estudia informes de la industria, observa cómo evolucionan las tecnologías emergentes y evalúa su impacto potencial en tu sector.

Entrevistas y encuestas: Conecta directamente con tu audiencia para entender qué problemas enfrentan y cómo podrían ser resueltos digitalmente.

La clave es ser proactivo. Las oportunidades digitales suelen surgir de intersecciones: una necesidad del cliente no resuelta y una tecnología que puede abordarla.

Diversificando fuentes de ingresos

Una vez identificada una oportunidad digital, el siguiente paso es diversificar las fuentes de ingresos. Esta estrategia no solo mitiga riesgos, sino que también impulsa la sostenibilidad a largo plazo. Amazon es un excelente ejemplo de diversificación: empezó como una librería online y hoy genera ingresos de múltiples líneas de negocio, como AWS (Amazon Web Services), ventas al por menor y suscripciones Prime.

Estrategias para diversificar tus ingresos:

Modelos de suscripción: Ofrece contenido o servicios exclusivos a cambio de pagos recurrentes. Esto genera ingresos predecibles.

Freemium: Proporciona una versión básica gratuita de tu producto o servicio, con opciones premium para los usuarios que necesitan más funcionalidades.

Monetización de datos: Con el debido respeto a la privacidad, utiliza datos de usuarios para generar ingresos a través de publicidad segmentada o insights comerciales.

Alianzas estratégicas: Colabora con otras empresas para lanzar productos o servicios conjuntos que abran nuevas fuentes de ingresos.

Un ejemplo notable de estas estrategias es Spotify, que combina suscripciones premium con ingresos por publicidad en su versión gratuita.

Diseñando sistemas escalables

En el mundo digital, la escalabilidad no es una opción, es una necesidad. Los sistemas escalables permiten que las empresas crezcan sin que los costos operativos aumenten de forma proporcional. Uber ilustra este concepto a la perfección. Al aprovechar una plataforma tecnológica robusta y escalable, logró expandir su modelo de negocio a cientos de ciudades en todo el mundo.

Elementos clave para diseñar sistemas escalables:

Infraestructura tecnológica: Utiliza servicios en la nube que se ajusten a las demandas de tu negocio, como AWS, Google Cloud o Azure.

Automatización: Implementa procesos automatizados para tareas repetitivas, como la gestión de clientes o la facturación.

Modularidad: Diseña sistemas que puedan adaptarse o integrarse con nuevas funcionalidades sin una reestructuración completa.

Cultura de mejora continua: Adopta metodologías ágiles para realizar iteraciones rápidas y responder al cambio con eficacia.

El diseño de sistemas escalables también requiere un enfoque en la experiencia del usuario (UX). Si la experiencia del cliente se degrada a medida que el sistema escala, el crecimiento podría convertirse en un problema, no en una ventaja.

Tecnologías emergentes como motor de crecimiento

Las tecnologías emergentes, como la inteligencia artificial (IA), el blockchain y el Internet de las Cosas (IoT), están remodelando las reglas del juego. Empresas que las han adoptado temprano han obtenido ventajas competitivas significativas.

Cómo incorporar tecnologías emergentes:

Pilotos y pruebas: Comienza con proyectos pequeños para evaluar la viabilidad de una tecnología antes de implementarla a gran escala.

Colaboración con startups: Muchas veces, las empresas emergentes son las primeras en adoptar nuevas tecnologías. Colaborar con ellas puede acelerar tu curva de aprendizaje.

Capacitación continua: Asegúrate de que tu equipo esté al día con las últimas innovaciones tecnológicas.

Por ejemplo, Tesla ha integrado la IA no solo en sus vehículos autónomos, sino también en la gestión de su cadena de suministro, lo que le permite reaccionar rápidamente a cambios en la demanda o interrupciones.

Barreras comunes y cómo superarlas

A pesar de las oportunidades, muchas empresas enfrentan barreras al intentar adoptar estrategias digitales. Estas incluyen:

Resistencia al cambio: Puede mitigarse con programas de gestión del cambio y comunicación efectiva.

Falta de recursos: Explora opciones de financiamiento o alianzas para superar las limitaciones presupuestarias.

Brechas de habilidades: Invierte en capacitación o contrata talento especializado para cerrar las brechas.

Un ejemplo es Walmart, que al principio se mostró lento para adoptar el comercio electrónico. Sin embargo, una combinación de adquisiciones estratégicas (como Jet.com) y un cambio cultural interno le permitió competir con gigantes digitales como Amazon.

Identificar oportunidades digitales, diversificar fuentes de ingresos y diseñar sistemas escalables no son solo estrategias deseables; son esenciales en un entorno empresarial impulsado por la tecnología. Al aprender de las mejores prácticas y aplicar estos principios con un enfoque disciplinado, las empresas pueden no solo sobrevivir, sino prosperar en la era digital.

La clave está en actuar con rapidez, aprender del mercado y construir una cultura empresarial que valore la innovación continua. En un panorama donde el cambio es la única constante, estas capacidades marcarán la diferencia entre las empresas que lideran y las que se quedan atrás.

Capítulo 3: De la Disrupción al Dominio: Cómo Aprovechar el Cambio Tecnológico

La disrupción como punto de partida

En 2025, el ritmo del cambio tecnológico no solo es rápido; es vertiginoso. Las innovaciones llegan con una fuerza que sacude industrias enteras, dejando a muchos en el desconcierto y a otros aprovechando oportunidades inesperadas. Pero, ¿qué marca la diferencia entre quienes son víctimas del cambio y quienes lo dominan? La respuesta está en la mentalidad y la acción.

Recuerdo claramente un momento que marcó mi comprensión sobre la disrupción. Era el año 2017 y estaba trabajando en una pequeña empresa tecnológica cuando el auge del aprendizaje automático comenzaba a despegar. Una competencia más grande lanzó un producto impulsado por inteligencia artificial que dejó a todos asombrados. Nuestro negocio, que había estado estable durante años, se tambaleó. En ese momento, tuvimos dos opciones: resistirnos al cambio o abrazarlo. Optamos por lo segundo. Transformamos nuestras operaciones, aprendimos nuevas herramientas y nos posicionamos como pioneros en nuestro nicho. ¿El resultado? En lugar de ser desplazados, crecimos exponencialmente.

Este capítulo explora cómo puedes convertirte en el arquitecto de tu futuro en lugar de ser una víctima del cambio tecnológico. Veremos estrategias, principios y herramientas para navegar y dominar la disrupción.

Comprendiendo la naturaleza de la disrupción tecnológica

La tecnología disruptiva no es nueva. Desde la revolución industrial hasta la era digital, el progreso tecnológico ha transformado cómo vivimos y trabajamos. Lo que diferencia nuestra época es la velocidad y el alcance de estas transformaciones. La inteligencia artificial (IA), la automatización, la blockchain y la biotecnología son solo algunas de las fuerzas que remodelan el mundo.

La disrupción puede parecer amenazante porque desafía el status quo. Sin embargo, también genera oportunidades. Para aprovecharla, necesitas entender sus tres etapas principales:

Resistencia inicial: Las personas y las organizaciones tienden a resistirse al cambio, aferrándose a modelos conocidos.

Adopción temprana: Los innovadores y visionarios identifican las posibilidades y comienzan a experimentar.

Dominio del cambio: Los que entienden el potencial de la tecnología no solo la adoptan, sino que lideran su uso, redefiniendo industrias enteras.

Un ejemplo claro es la transición al comercio electrónico. En la década de 1990, muchas empresas ignoraron Internet como una moda pasajera. Amazon, por el contrario, lo adoptó con entusiasmo y transformó no solo el comercio, sino también la logística, la tecnología en la nube y más. Hoy, sigue siendo un ejemplo icónico de dominio tecnológico.

Estrategias para dominar el cambio tecnológico

1. Adopta una mentalidad de aprendiz perpetuo

El cambio tecnológico no se detendrá. En lugar de buscar estabilidad, abraza la idea de que siempre habrá algo nuevo que aprender. Esto significa:

Invertir en educación continua: Inscríbete en cursos, talleres o programas de certificación relacionados con las tendencias tecnológicas.

Leer constantemente: Sigue blogs, libros y estudios relevantes para mantenerte al día.

Construir una red: Rodéate de personas que te desafíen intelectualmente y te inspiren a crecer.

Una historia que ilustra esto es la de Carla, una ingeniera que perdió su empleo cuando la automatización reemplazó su puesto. En lugar de lamentarse, decidió aprender programación. Tres años después, es una desarrolladora de software especializada en automatización, liderando proyectos en una empresa global.

2. Identifica y adopta herramientas clave

Las herramientas son tus aliadas en el dominio tecnológico. Algunas áreas clave para explorar incluyen:

Automatización de procesos: Desde plataformas como Zapier hasta sistemas empresariales complejos, la automatización aumenta la eficiencia y reduce errores.

Inteligencia artificial: Aprende a usar herramientas de IA, como generadores de contenido, sistemas de análisis predictivo o chatbots.

Blockchain y contratos inteligentes: Si trabajas en finanzas o gestión, esta tecnología puede revolucionar cómo operas.

Recuerda que dominar estas herramientas no significa solo usarlas, sino comprender su impacto en tu industria y cómo puedes aprovecharlas para innovar.

3. Conviértete en un agente de cambio

Para dominar la disrupción, debes liderar el cambio dentro de tu organización o comunidad. Esto implica:

Comunicar la visión: Ayuda a otros a entender las oportunidades del cambio tecnológico.

Fomentar la colaboración: Trabaja con equipos multidisciplinarios para implementar nuevas soluciones.

Experimentar y adaptarse: No tengas miedo de probar nuevas ideas y aprender de los errores.

Una de las mejores maneras de ilustrar este punto es con la historia de Pablo, un emprendedor que transformó su negocio de logística adoptando vehículos autónomos y sistemas de gestión basados en blockchain. Aunque enfrentó resistencia inicial, logró reducir costos y aumentar la eficiencia, convirtiéndose en un líder del sector.

Construyendo tu fortaleza digital

Dominar el cambio tecnológico no es solo una cuestión de sobrevivir, sino de prosperar. Esto requiere construir lo que llamo tu "fortaleza digital": un conjunto de habilidades, herramientas y mentalidades que te permitirán enfrentar cualquier disrupción futura con confianza.

Elementos clave de tu fortaleza digital:

Habilidades tecnológicas esenciales: Desde el análisis de datos hasta la programación básica, invierte en aprender competencias técnicas.

Pensamiento estratégico: Aprende a evaluar tendencias tecnológicas y planificar cómo impactarán tu industria.

Resiliencia emocional: Acepta que el cambio puede ser desafiante, pero también es una oportunidad para crecer.

Red de apoyo: Construye relaciones con mentores, colegas y expertos que puedan guiarte en momentos de incertidumbre.

Una historia inspiradora para reflexionar

Imagina a Sofía, una maestra de escuela primaria que inicialmente se sintió intimidada por la introducción de herramientas de aprendizaje basadas en IA. En lugar de rechazar la tecnología, decidió capacitarse y adaptarse. Hoy, es una de las educadoras más innovadoras de su región, utilizando IA para personalizar el aprendizaje y mejorar los resultados de sus estudiantes. Su historia es un testimonio de cómo la adaptación puede abrir puertas inimaginables.

El futuro está en tus manos

La disrupción tecnológica no discrimina; afecta a todos, desde pequeñas empresas hasta corporaciones gigantes. Pero la forma en que respondes a ella determinará tu destino. Como hemos visto, dominar el cambio tecnológico requiere una combinación de mentalidad, habilidades y acción. No importa en qué punto estés ahora, el momento para empezar es hoy.

Al cerrar este capítulo, quiero dejarte con una reflexión poderosa: cada disrupción es una invitación a reinventarte. En lugar de temer al cambio, apréndelo, adóptalo y domínalo. El futuro no está escrito; es tu oportunidad de crearlo.

"El cambio no es una amenaza, sino una promesa de lo que podrías llegar a ser."

En un mundo en constante evolución tecnológica, el cambio no es una opción; es una realidad. Pero no tiene por qué ser una amenaza. Convierte estos desafíos en ventajas competitivas adoptando tres principios clave: **innovación, flexibilidad** y **decisiones informadas**.

Primero, fomenta la creatividad en tu equipo. Las ideas frescas generan soluciones únicas que te diferenciarán. Segundo, adopta una mentalidad flexible. La adaptabilidad frente a nuevas herramientas y métodos es tu mejor aliada. Por último, usa datos confiables para tomar decisiones estratégicas. Invierte en herramientas analíticas que te ayuden a comprender mejor tu mercado y actuar con seguridad.

No necesitas tener todas las respuestas hoy. Lo importante es avanzar paso a paso, aprendiendo y ajustando en el camino. El cambio es una oportunidad: ¡aprovéchala!

El cambio tecnológico es un fenómeno acelerado que redefine industrias y mercados. Para transformar estos desafíos en ventajas competitivas, las organizaciones deben centrarse en tres pilares fundamentales: innovación, flexibilidad y toma de decisiones basada en datos.

Un análisis de la **International Data Corporation (IDC, 2023)** revela que las empresas innovadoras incrementan su participación de mercado en un 20% anual. Fomentar una cultura de innovación implica no solo invertir en I+D, sino también promover un entorno que valore la experimentación y acepte el fracaso como parte del aprendizaje.

La flexibilidad es otro factor crucial. Según un estudio de **McKinsey & Company**, las empresas ágiles tienen un 30% más de probabilidades de responder con éxito a los cambios tecnológicos disruptivos. Implementar estructuras organizativas fluidas y sistemas modulares puede ser una solución efectiva.

Finalmente, la toma de decisiones informadas requiere herramientas avanzadas de análisis de datos. Modelos predictivos, respaldados por inteligencia artificial, permiten a los líderes anticiparse a las tendencias del mercado y minimizar riesgos.

En conclusión, aquellas organizaciones que integren estos elementos en su estrategia no solo sobrevivirán al cambio, sino que prosperarán en un entorno tecnológico dinámico.

Imagina a una pequeña empresa que, enfrentada al desafío del cambio tecnológico, decide adoptar un enfoque audaz: transformar la incertidumbre en oportunidad. En tres años, esa empresa se convierte en líder del sector, gracias a la innovación, la flexibilidad y las decisiones informadas.

Esta es la historia de miles de negocios que eligieron no resistirse al cambio, sino liderarlo. Tú también puedes lograrlo. Primero, fomenta la innovación. ¿Cómo? Empieza con pequeñas acciones: pregunta a tu equipo qué nuevas ideas tienen, prueba nuevas herramientas, explora mercados emergentes.

Segundo, sé flexible. Cambia tu enfoque de "esto siempre se hizo así" a "¿cómo podemos mejorar?". La flexibilidad te permite pivotar rápidamente cuando surgen nuevas tecnologías o tendencias.

Finalmente, toma decisiones basadas en datos. Una inversión en análisis predictivo o inteligencia artificial puede transformar tus dudas en confianza. Conoce a tus clientes mejor que nadie, predice sus necesidades y sorpréndelos antes de que pidan algo.

El cambio tecnológico no es tu enemigo, es tu trampolín. ¿Estás listo para usarlo a tu favor? ¡Da el primer paso hoy!

Pilar	Directo, Accesible y Motivador	Intelectual y Analítico	Inspirador y Orientado al Logro
Innovación	Generar ideas frescas y creativas para destacar.	Las empresas innovadoras incrementan su participación de mercado en un 20% anual (**IDC, 2023**).	Fomenta ideas y herramientas nuevas; explora mercados emergentes.
Flexibilidad	Adaptarse rápidamente a herramientas y métodos.	Empresas ágiles tienen un 30% más éxito frente a cambios tecnológicos (**McKinsey & Company**).	Cambia el enfoque: "¿cómo podemos mejorar?" para responder rápido.
Toma de decisiones	Utilizar datos confiables para actuar con seguridad.	Herramientas de análisis y modelos predictivos basados en IA reducen riesgos y anticipan tendencias del mercado.	Invertir en análisis predictivo para entender y sorprender al cliente.
Impacto esperado	Avance paso a paso, construyendo confianza.	Integrar estos pilares permite prosperar en entornos tecnológicos dinámicos.	Transformar incertidumbre en ventaja y liderar el cambio.

Capítulo 4: Automatiza y Escala: El Camino hacia el Ingreso Pasivo Inteligente

La automatización y la escalabilidad son dos pilares fundamentales para construir un sistema de ingresos pasivos que sea sostenible y rentable. En este capítulo, exploraremos las estrategias clave que puedes implementar para automatizar procesos, escalar tu negocio y finalmente alcanzar un flujo constante de ingresos pasivos inteligentes.

1. Comprende el Poder de la Automatización

La automatización es la clave para liberar tu tiempo y maximizar la eficiencia de tus operaciones. Con las herramientas adecuadas, puedes delegar tareas repetitivas y centrarte en actividades estratégicas que impulsen tu crecimiento. Algunos ejemplos de automatización incluyen:

Email marketing: Plataformas como Mailchimp o ActiveCampaign permiten crear secuencias automáticas de correos electrónicos para nutrir a tus clientes potenciales y convertirlos en compradores.

Atención al cliente: Los chatbots impulsados por inteligencia artificial (como ChatGPT o Zendesk) pueden responder preguntas frecuentes de tus clientes, ahorrándote tiempo y recursos.

Gestión de redes sociales: Herramientas como Buffer o Hootsuite programan publicaciones y analizan el rendimiento de tus contenidos.

Caso de éxito: Considera a Laura, una emprendedora que vendía cursos en línea. Al implementar una estrategia automatizada de email marketing, logró convertir al 25% de sus suscriptores en compradores recurrentes, aumentando sus ingresos mensuales sin dedicar más tiempo a la gestión manual.

2. Escalabilidad: El Secreto para Crecer Sin Límites

La escalabilidad es el arte de aumentar tus ingresos sin que tus costos crezcan en la misma proporción. Esto se logra creando sistemas replicables y ajustables que pueden manejar un volumen mayor de clientes o usuarios.

Productos y servicios escalables

Infoproductos: Libros electrónicos, cursos en línea o webinars grabados son ejemplos perfectos. Una vez creados, puedes venderlos infinitas veces sin costos adicionales significativos.

Suscripciones: Modelos como Netflix o Spotify generan ingresos recurrentes al ofrecer contenido o servicios exclusivos a cambio de una tarifa mensual.

Software como servicio (SaaS): Plataformas como Trello o Canva cobran a sus usuarios por funcionalidades premium, escalando sus ingresos con cada nuevo cliente.

Estructuras operativas escalables

Tercerización: Subcontrata tareas como el soporte al cliente, el diseño gráfico o la producción de contenido para mantener la flexibilidad operativa.

Expansión geográfica: Utiliza herramientas digitales para llegar a mercados internacionales sin necesidad de presencia física.

Estrategia en acción: Una pequeña startup de software que ofrece herramientas de gestión para freelancers escaló su negocio al implementar un modelo de suscripción mensual y traducir su plataforma a varios idiomas, alcanzando clientes en más de 50 países.

3. Diseña un Sistema de Ingresos Pasivos Inteligentes

Un ingreso pasivo inteligente no significa dejar de trabajar por completo, sino diseñar un sistema que funcione mayormente sin tu intervención directa.

Pasos para construir tu sistema:

Identifica tu nicho: Encuentra un mercado con alta demanda y poca competencia. Herramientas como Google Trends o SEMrush pueden ayudarte a analizar tendencias.

Crea tu producto o servicio: Diseña una oferta escalable y automatizable. Por ejemplo, un curso online sobre una habilidad que dominas.

Automatiza la captación de clientes: Usa anuncios en plataformas como Google Ads o Facebook Ads para atraer a tu público objetivo de forma constante.

Construye embudos de venta: Implementa sistemas de marketing automatizados que conviertan a los visitantes en compradores. Esto incluye páginas de aterrizaje, correos electrónicos y seguimientos automáticos.

Optimiza y escala: Analiza qué está funcionando y ajusta tus estrategias. Invierte más en las áreas que generen mejores retornos.

4. Herramientas Clave para la Automatización y la Escalabilidad

La tecnología moderna ofrece innumerables recursos para simplificar y potenciar tu negocio. A continuación, algunas herramientas esenciales:

Plataformas de automatización: Zapier y Make (antes Integromat) conectan diferentes aplicaciones para automatizar flujos de trabajo.

CRM (Customer Relationship Management): Sistemas como HubSpot o Salesforce te ayudan a gestionar relaciones con clientes y a automatizar procesos de venta.

Sistemas de pago y facturación: Stripe, PayPal o Mercado Pago facilitan la gestión de transacciones globales.

Analytics: Google Analytics y Hotjar proporcionan datos para entender el comportamiento de tus usuarios y optimizar tus estrategias.

5. Supera los Obstáculos Comunes en el Camino hacia la Automatización

Aunque los beneficios de automatizar y escalar son inmensos, también existen desafíos que debes anticipar:

Costos iniciales: Implementar herramientas y sistemas puede requerir una inversión inicial significativa. Prioriza las herramientas esenciales y reinvierte tus ganancias.

Curva de aprendizaje: Familiarizarte con nuevas plataformas puede ser desafiante al principio. Invierte tiempo en capacitación o contrata a expertos.

Dependencia tecnológica: Reduce riesgos diversificando tus proveedores y manteniendo copias de seguridad de tus datos.

Consejo práctico: Comienza con un solo proceso a automatizar y expande gradualmente a medida que te familiarices con las herramientas y su impacto en tu negocio.

6. El Futuro de la Automatización: Inteligencia Artificial y Machine Learning

La IA está revolucionando la forma en que las empresas automatizan sus operaciones. Desde recomendaciones personalizadas hasta optimización de inventarios, las posibilidades son infinitas.

Aplicaciones destacadas:

IA en marketing: Plataformas como Jasper AI generan contenido automatizado de alta calidad.

Análisis predictivo: Herramientas como Tableau y Power BI utilizan IA para identificar tendencias y predecir comportamientos.

Gestón automatizada: Los sistemas ERP (Enterprise Resource Planning) basados en IA optimizan la cadena de suministro y la producción.

Proyección: Empresas que adopten IA y machine learning podrán escalar a tasas mucho más altas, reduciendo costos y mejorando la experiencia del cliente.

Automatizar y escalar son los pasos fundamentales para construir una fortaleza digital que genere ingresos pasivos inteligentes. Aunque el proceso requiere esfuerzo inicial, los beneficios a largo plazo son incalculables. Recuerda, la clave está en implementar sistemas sostenibles que trabajen para ti, permitiéndote disfrutar de más tiempo libre mientras tu negocio prospera.

¡Empieza hoy! Identifica una tarea que puedas automatizar o un producto que puedas escalar y da el primer paso hacia la libertad financiera.

Descubre Cómo Implementar la Automatización en tu Vida y Negocio para Ahorrar Tiempo, Reducir Costos y Generar Ingresos Recurrentes

En un mundo donde cada minuto cuenta, la automatización se ha convertido en una herramienta esencial para maximizar la eficiencia y potenciar tanto nuestras vidas como nuestros negocios. Si alguna vez te has preguntado cómo algunos emprendedores logran manejar múltiples proyectos sin esfuerzo aparente, o cómo ciertas empresas operan sin problemas las 24 horas del día, la respuesta está en la automatización. Este artículo te guiará a través de estrategias prácticas y casos de éxito para que también puedas implementar la automatización y alcanzar tus metas con menor esfuerzo operativo.

¿Qué es la Automatización y Por Qué es Crucial?

Automatizar significa delegar tareas repetitivas a sistemas, herramientas tecnológicas o procesos que funcionan de manera autónoma, reduciendo la necesidad de intervención humana constante. No se trata solo de utilizar máquinas o software; es un cambio de mentalidad que redefine cómo invertimos nuestro tiempo y recursos.

Beneficios de la Automatización:

Ahorro de Tiempo: Libera horas valiosas que puedes dedicar a actividades de alto impacto.

Reducción de Costos: Minimiza errores humanos y optimiza el uso de recursos.

Generación de Ingresos Recurrentes: Permite crear sistemas que trabajen para ti, incluso mientras duermes.

Escalabilidad: Facilita el crecimiento rápido sin aumentar proporcionalmente el esfuerzo operativo.

¡Transforma Tu Vida con Automatización!

Caso de Éxito 1: Automatización Personal

Maria Fernanda, una emprendedora y madre de dos hijos, enfrentaba el desafío de equilibrar su vida personal con la gestión de su negocio. Decidió implementar herramientas de automatización en su rutina diaria:

Organización Personal: Usó aplicaciones como Todoist y Google Calendar para gestionar tareas y recordatorios.

Finanzas: Configuró pagos automáticos para cuentas recurrentes y usó software como Mint para monitorear gastos.

Correo Electrónico: Implementó filtros automáticos en Gmail para priorizar los mensajes importantes.

El resultado: un ahorro de 10 horas semanales, que ahora dedica a su familia y a la estrategia de crecimiento de su empresa.

Automatización en los Negocios: Una Revolución en Proceso

En el ámbito empresarial, la automatización ya no es un lujo, sino una necesidad. Desde pequeñas startups hasta corporaciones multinacionales, las empresas que adoptan esta práctica están superando a sus competidores de manera exponencial.

Estrategias Prácticas para Automatizar tu Negocio:

Automatización del Marketing:

Usa herramientas como HubSpot o ActiveCampaign para gestionar campañas de correo electrónico automatizadas.

Implementa chatbots en tu sitio web para interactuar con clientes potenciales en tiempo real.

Programa publicaciones en redes sociales con plataformas como Hootsuite o Buffer.

Historia de Éxito: Una tienda de comercio electrónico aumentó sus ingresos en un 35% al implementar una secuencia automatizada de correos electrónicos para recuperar carritos abandonados. El sistema enviaba recordatorios personalizados y ofrecía descuentos automáticamente.

Gestión de Clientes:

Utiliza sistemas de CRM (Customer Relationship Management) como Salesforce o Zoho para automatizar el seguimiento y la gestión de clientes.

Configura respuestas automáticas para consultas frecuentes.

Procesos Financieros:

Automatiza la facturación y la contabilidad con software como QuickBooks o Xero.

Configura recordatorios automáticos para facturas pendientes de pago.

Operaciones Internas:

Implementa flujos de trabajo automáticos con herramientas como Zapier o Make.

Usa Asana o Trello para asignar y monitorear tareas en equipo sin esfuerzo manual.

Ingresos Recurrentes con Menor Esfuerzo Operativo

La automatización no solo reduce costos; también abre la puerta a modelos de negocio que generan ingresos pasivos o recurrentes.

Modelos de Negocio Automatizados:

Membresías y Suscripciones:

Crea contenido exclusivo para suscriptores y automatiza la entrega con plataformas como Patreon o Kajabi.

Historia de Éxito: Un entrenador de fitness generó $10,000 mensuales al ofrecer un programa de suscripción en línea que incluye planes de ejercicio y nutrición automatizados.

Cursos Online:

Diseña un curso y automatiza su venta y entrega a través de plataformas como Teachable o Thinkific.

E-commerce Automatizado:

Usa Shopify con aplicaciones automatizadas para gestión de inventarios y envíos.

Historia de Éxito: Un emprendedor escaló su tienda en línea de $1,000 a $20,000 mensuales al automatizar el cumplimiento de pedidos y las estrategias de marketing.

Marketing de Afiliados:

Crea contenido que promocione productos y automatiza la monetización mediante enlaces de afiliados.

Obstáculos y Cómo Superarlos

La automatización no está exenta de desafíos. Algunos de los más comunes incluyen:

Costo inicial: Implementar sistemas automatizados puede requerir una inversión significativa.

Curva de aprendizaje: Dominar nuevas herramientas tecnológicas puede ser desafiante al principio.

Resistencia al cambio: Tanto los equipos como los clientes pueden mostrar reticencia a adaptarse a procesos automatizados.

Estrategias para Superar Estos Obstáculos:

Comienza Pequeño: Identifica una tarea simple para automatizar y avanza progresivamente.

Capacitación: Invierte en formación para tú y tu equipo.

Evaluación Continua: Monitorea los resultados y ajusta los procesos según sea necesario.

El Futuro de la Automatización

La tecnología sigue avanzando rápidamente, y con ella, las oportunidades para automatizar se multiplican. Tendencias emergentes como la inteligencia artificial (IA), la automatización robótica de procesos (RPA) y el aprendizaje automático están revolucionando cómo vivimos y trabajamos.

Ejemplo Futurista:

Una consultora tecnológica adoptó herramientas de IA para analizar grandes volúmenes de datos y generar informes automatizados en minutos. Esto redujo el tiempo de entrega a los clientes en un 80%, aumentando significativamente la satisfacción del cliente y las ganancias.

La automatización no es solo una tendencia; es una estrategia imprescindible para quienes buscan alcanzar sus metas de manera eficiente y sostenida. Al implementar procesos automatizados en tu vida y negocio, no solo ganarás tiempo y reducirás costos, sino que también desbloquearás nuevas oportunidades para generar ingresos y vivir con menos estrés.

¡Empieza hoy mismo! Identifica una tarea que puedas automatizar y da el primer paso hacia una vida y un negocio más eficientes y exitosos.

Capítulo 5: Mentalidad Futurista: Preparándote para 2025 y Más Allá

La evolución acelerada de la tecnología, combinada con los retos económicos, sociales y ambientales, nos obliga a adoptar una mentalidad futurista que no solo permita adaptarnos a los cambios, sino también anticiparlos y aprovecharlos. Una mentalidad futurista es aquella que abraza la incertidumbre, se enfoca en la innovación continua y reconoce que el éxito no está garantizado por las herramientas o el conocimiento actual, sino por la capacidad de reinvención constante. Este capítulo explora los fundamentos de una mentalidad futurista, respaldados por datos y estrategias específicas para prepararse para 2025 y los años venideros.

1. La importancia de la mentalidad en la era de la disrupción

Históricamente, los avances tecnológicos han redefinido las reglas del juego. Desde la revolución industrial hasta la era digital, aquellos que han prosperado son los que han sabido adaptarse y prever tendencias emergentes. En la actualidad, vivimos en una "edad de la aceleración", donde el progreso tecnológico ocurre de forma exponencial. Ray Kurzweil, destacado futurista, predice que el progreso tecnológico de los próximos 20 años equivaldrá al de los últimos 100. Esto significa que la clave no está en dominar una habilidad específica, sino en cultivar una mentalidad que permita adaptarse rápidamente a los cambios.

Un estudio realizado por el Foro Económico Mundial en 2023 reveló que el 50% de las habilidades laborales actuales quedarán obsoletas para 2027. Este dato subraya la necesidad de abandonar la rigidez mental y adoptar una visión de aprendizaje continuo. Las empresas también están cambiando sus paradigmas. Por ejemplo, empresas como Google y Tesla valoran más la capacidad de resolver problemas complejos y la adaptabilidad que los conocimientos tradicionales. La mentalidad futurista no es solo un atributo deseable, es un imperativo.

2. Claves de una mentalidad futurista

a. Pensamiento exponencial

El pensamiento lineal, donde el progreso ocurre de manera gradual, ya no es suficiente. En su lugar, el pensamiento exponencial permite visualizar cómo las tecnologías como la inteligencia artificial (IA), la automatización y la computación cuántica transformarán industrias completas. Tomemos como ejemplo la industria de la salud: según un informe de McKinsey, para 2030, la IA podría automatizar hasta el 50% de los diagnósticos médicos, reduciendo los costos y mejorando la precisión.

Adoptar un pensamiento exponencial implica cuestionar cómo las tendencias actuales podrían evolucionar en el futuro. Una herramienta práctica es el modelo de "Seis Ds" de Peter Diamandis: digitalización, disrupción, desmonetización, desmaterialización, democratización y despliegue exponencial. Este marco permite identificar cómo las tecnologías emergentes impactarán en los negocios y la sociedad.

b. Resiliencia y antifragilidad

La resiliencia se define como la capacidad de recuperarse rápidamente de la adversidad. Sin embargo, Nassim Nicholas Taleb introduce un concepto más poderoso: la antifragilidad. Mientras que la resiliencia busca resistir el caos, la antifragilidad prospera en él. Para desarrollar esta cualidad, es crucial exponerse a entornos diversos y desafiantes, buscando oportunidades de aprendizaje en cada fracaso. Por ejemplo, los emprendedores en Silicon Valley suelen celebrar el éxito tras varios intentos fallidos, ya que consideran cada fracaso como un paso hacia la innovación.

c. Inteligencia emocional y colaboración interdisciplinaria

En un mundo hiperconectado, la inteligencia emocional se convierte en una habilidad esencial. Ser capaz de entender y manejar las emociones propias y las de los demás facilita la colaboración interdisciplinaria, donde equipos de diversas áreas trabajan juntos para resolver problemas complejos. Las empresas líderes están invirtiendo en programas de desarrollo de inteligencia emocional para sus empleados, reconociendo que las habilidades blandas son tan importantes como las técnicas.

3. Estrategias para cultivar una mentalidad futurista

a. Adopción de herramientas tecnológicas emergentes

La adopción temprana de tecnologías emergentes no solo mejora la competitividad, sino también permite anticiparse a las tendencias del mercado. Según un informe de Gartner, las empresas que integran IA y automatización en sus operaciones experimentan un aumento promedio del 30% en la productividad. Para los individuos, herramientas como plataformas de aprendizaje en línea (Coursera, edX) y software de automatización personal (Zapier, IFTTT) pueden acelerar el desarrollo de habilidades relevantes.

b. Pensamiento de largo plazo

La planificación a largo plazo permite identificar posibles amenazas y oportunidades antes de que se materialicen. Un enfoque popular es el uso de escenarios futuros, donde se crean narrativas detalladas sobre posibles futuros basados en tendencias actuales. La compañía Shell ha utilizado este enfoque durante décadas para anticiparse a las fluctuaciones del mercado energético.

c. Inversión en redes y comunidades

Las redes profesionales y comunidades de aprendizaje son fundamentales para mantenerse actualizado en un mundo en constante cambio. Participar en conferencias, foros en línea y grupos de interés permite compartir conocimientos y establecer conexiones valiosas. Además, estas redes fomentan la colaboración interdisciplinaria, un aspecto clave de la mentalidad futurista.

4. Casos prácticos de mentalidad futurista

a. Microsoft y la transición hacia la nube

En 2014, Satya Nadella asumió el cargo de CEO de Microsoft, adoptando una mentalidad futurista que transformó la compañía. Reconociendo el potencial de la computación en la nube, Nadella enfocó los esfuerzos de la empresa en Azure, su plataforma de servicios en la nube. Este cambio estratégico no solo revitalizó a Microsoft, sino que también la posicionó como líder en un mercado emergente.

b. Tesla y la movilidad eléctrica

Elón Musk ha demostrado una y otra vez su capacidad para anticipar tendencias. Tesla no solo popularizó los vehículos eléctricos, sino que también estableció nuevos estándares en eficiencia energética y diseño. La visión futurista de Musk le ha permitido identificar oportunidades en mercados desatendidos y transformar la industria automotriz.

c. Estudio individual: Marie Kondo y la revolución del minimalismo

Aunque el minimalismo podría parecer un concepto alejado de la tecnología, la metodología de Marie Kondo es un ejemplo de cómo una mentalidad futurista puede transformar nichos tradicionales. Al aprovechar las plataformas digitales y crear contenido atractivo, Kondo llevó una filosofía tradicional a una audiencia global.

5. Herramientas para medir y mejorar

Para desarrollar una mentalidad futurista, es fundamental contar con métricas y herramientas que evalúen el progreso. Algunas opciones incluyen:

Análisis de brechas de habilidades: Plataformas como LinkedIn Learning proporcionan informes personalizados sobre habilidades emergentes en tu industria.

Evaluación de resiliencia organizacional: Modelos como el Business Continuity Maturity Model (BCMM) ayudan a medir la capacidad de adaptación de una empresa.

Dashboards de innovación: Herramientas como IdeaScale permiten monitorear el progreso en iniciativas de innovación.

Adoptar una mentalidad futurista no es un lujo, es una necesidad. A medida que nos acercamos a 2025, aquellos que inviertan en su capacidad de adaptación, aprendizaje continuo y colaboración interdisciplinaria estarán mejor posicionados para prosperar. En palabras de Alvin Toffler, "los analfabetos del siglo XXI no serán aquellos que no sepan leer ni escribir, sino aquellos que no puedan aprender, desaprender y reaprender". Es hora de abrazar el futuro con valentía y determinación, reconociendo que el éxito no está garantizado, pero las posibilidades son ilimitadas.

En un mundo en constante cambio, desarrollar una mentalidad ágil e innovadora es más que una ventaja competitiva; es una necesidad. La velocidad con la que las tecnologías emergen, las industrias evolucionan y las preferencias del mercado cambian exige una capacidad de adaptación rápida y una mentalidad que vea las incertidumbres como oportunidades, no como obstáculos. Esta habilidad, sin embargo, no surge por casualidad. Es el resultado de un enfoque deliberado en cultivar una actitud flexible, creativa y orientada a soluciones.

Para empezar, es fundamental aceptar la incertidumbre como una parte inherente de la vida y de los negocios. Muchos se paralizan ante lo desconocido, viendo los cambios inesperados como amenazas que deben evitarse. Sin embargo, los líderes y emprendedores más exitosos entienden que cada desafío trae consigo una oportunidad de crecimiento. Cambiar tu perspectiva sobre la incertidumbre no solo reduce el estrés, sino que también te prepara mentalmente para identificar soluciones y posibilidades en medio del caos. Esto no significa ser ingenuo, sino reconocer que la incertidumbre, si se aborda con una mentalidad abierta, puede ser una fuente de innovación y creatividad.

La clave para cultivar esta mentalidad ágil es desarrollar una capacidad de aprendizaje continuo. Vivimos en una era en la que lo que sabemos hoy puede volverse obsoleto mañana. Por lo tanto, adoptar el hábito de aprender de manera constante es esencial. Esto implica no solo adquirir nuevos conocimientos, sino también desaprender viejas creencias o métodos que ya no son efectivos. Inscríbete en cursos, lee libros, participa en talleres y mantente al día con las tendencias de tu industria. Pero más allá de las actividades formales, cultiva la curiosidad como una actitud diaria. Haz preguntas, explora diferentes perspectivas y busca entender cómo funcionan las cosas. La curiosidad es la chispa que enciende la innovación.

La agilidad mental también requiere un alto nivel de autoconciencia. Esto implica ser honesto contigo mismo sobre tus fortalezas y debilidades, así como ser consciente de tus reacciones emocionales frente al cambio. Las emociones negativas como el miedo o la frustración son normales, pero no deben controlarte. Aprende a gestionar estas emociones para que no te impidan tomar decisiones claras y efectivas. Las técnicas de mindfulness o meditación pueden ayudarte a desarrollar esta autoconciencia y a mantener la calma incluso en los momentos más desafiantes.

Otro componente esencial de una mentalidad ágil e innovadora es la capacidad de tomar decisiones rápidas y efectivas. En un entorno en constante cambio, la indecisión puede ser más perjudicial que cometer un error. Por supuesto, esto no significa actuar impulsivamente, sino desarrollar un sistema para evaluar rápidamente las opciones y tomar decisiones informadas. Esto podría implicar el uso de marcos de toma de decisiones como el análisis DAFO (debilidades, amenazas, fortalezas y oportunidades) o el modelo de pensamiento 10-10-10, que evalúa el impacto de una decisión en 10 minutos, 10 meses y 10 años. Practicar estas técnicas en situaciones de bajo riesgo puede ayudarte a ganar confianza y agilidad en tu proceso de toma de decisiones.

La colaboración también juega un papel crucial en el desarrollo de una mentalidad innovadora. Aunque la creatividad individual es valiosa, las ideas más transformadoras suelen surgir de la interacción entre diferentes perspectivas y habilidades. Rodearte de un equipo diverso que desafíe tus ideas y aporte nuevas formas de pensar es una manera efectiva de fomentar la innovación. Además, la colaboración no se limita a las personas dentro de tu organización; también incluye aprender de clientes, socios, competidores e incluso industrias completamente diferentes. Este enfoque amplio y colaborativo puede abrirte a soluciones y estrategias que de otro modo no habrías considerado.

La mentalidad innovadora también está estrechamente relacionada con la capacidad de experimentar y aceptar el fracaso como parte del proceso. Las organizaciones más éxitosas del mundo han adoptado la experimentación como un principio central. Probar nuevas ideas en pequeña escala antes de implementarlas por completo permite aprender rápidamente qué funciona y qué no. Pero para que esto sea efectivo, también necesitas crear un entorno donde el fracaso no sea penalizado, sino visto como una oportunidad para aprender y mejorar. Cuando eliminas el miedo al fracaso, das espacio a la creatividad y a la innovación genuina.

Mantenerse a la vanguardia en un mundo cambiante también requiere un enfoque constante en la resolución de problemas. En lugar de centrarte en lo que está mal, pon tu energía en encontrar soluciones. Esto no significa ignorar los problemas, sino abordarlos de manera constructiva y proactiva. Utiliza técnicas como el pensamiento lateral para generar ideas innovadoras o el enfoque de "cinco por qués" para llegar a la raíz de un problema. Estas herramientas pueden ayudarte a ver los desafíos desde ángulos nuevos y a desarrollar soluciones que realmente marquen la diferencia.

El autocuidado es otra pieza importante del rompecabezas. No puedes ser ágil e innovador si estás agotado. Prioriza tu salud física, mental y emocional para mantener la energía y la claridad que necesitas para enfrentar los desafíos. Esto incluye dormir lo suficiente, mantener una dieta equilibrada, hacer ejercicio regularmente y tomar descansos para recargar energías. El autocuidado no es un lujo; es una inversión en tu capacidad para rendir al máximo nivel.

Finalmente, nunca subestimes el poder de la visión y el propósito. Tener una visión clara de lo que quieres lograr te proporciona una guía que te ayuda a mantenerte enfocado incluso en tiempos de incertidumbre. Cuando sabes hacia dónde te diriges, es más fácil tomar decisiones alineadas con tus objetivos y adaptarte a los cambios en el camino. El propósito también actúa como un motor interno que te impulsa a seguir adelante, incluso cuando las cosas se ponen difíciles. Reflexiona sobre qué es lo que realmente te motiva y usa eso como combustible para tu viaje.

Adoptar una mentalidad ágil e innovadora no es un evento único, sino un proceso continuo. Requiere compromiso, práctica y la disposición de salir de tu zona de confort una y otra vez. Pero el esfuerzo vale la pena. Al desarrollar estas habilidades, no solo estarás mejor preparado para enfrentar los desafíos del mundo moderno, sino que también estarás en una posición única para aprovechar las oportunidades y mantenerte a la vanguardia. No esperes a que las circunstancias te obliguen a adaptarte; toma el control de tu desarrollo y comienza a construir la mentalidad que necesitas para prosperar.

Categoría	Elemento Clave	Descripción	Impacto Principal
Mentalidad hacia la incertidumbre	Aceptar la incertidumbre	Ver los cambios como oportunidades en lugar de amenazas.	Fomenta la creatividad e innovación.
Aprendizaje continuo	Adquirir y desaprender conocimientos	Mantenerse actualizado con tendencias, cursos y lectura constante.	Previene la obsolescencia y fomenta la curiosidad.
Autoconciencia emocional	Gestionar emociones frente al cambio	Identificar y manejar emociones como miedo o frustración.	Mejora la claridad y efectividad en decisiones.
Toma de decisiones ágil	Métodos estructurados (DAFO, 10-10-10)	Evaluar opciones rápidamente y actuar con confianza.	Incrementa la capacidad de respuesta.
Colaboración y diversidad	Equipos diversos y aprendizaje intersectorial	Fomentar interacciones que aporten perspectivas diferentes.	Genera soluciones innovadoras.
Experimentación y tolerancia al fracaso	Pruebas en pequeña escala y aprendizaje de errores	Implementar ideas con riesgos controlados y aprender de los resultados.	Impulsa la mejora continua.
Resolución de problemas	Enfoques como pensamiento lateral y análisis de raíces	Buscar soluciones innovadoras enfocándose en la causa del problema.	Optimiza la eficiencia en la solución.
Autocuidado	Salud física, mental y emocional	Priorizar sueño, dieta, ejercicio y pausas regulares.	Sostiene la energía y claridad a largo plazo.
Visión y propósito	Definir objetivos claros y motivaciones personales	Tener una guía estratégica alineada con valores y metas.	Mantiene el enfoque y la resiliencia.
Adaptación continua	Práctica constante y disposición al cambio	Comprometerse a salir de la zona de confort repetidamente.	Posiciona para aprovechar oportunidades.

Apéndices

Apéndice A: Herramientas y Recursos Digitales Esenciales

En este apéndice se presentan las herramientas digitales clave que permiten a los emprendedores y profesionales maximizar su potencial en el mundo digital. Cada herramienta se seleccionó cuidadosamente con base en su eficacia, facilidad de uso y aplicabilidad en la creación de riqueza.

1. Inteligencia Artificial (IA)

Herramientas recomendadas:

ChatGPT (OpenAI): Un modelo de lenguaje avanzado para generar ideas, redactar contenido y optimizar estrategias de comunicación.

TensorFlow: Una plataforma de aprendizaje automático para desarrollar modelos de IA personalizados.

Runway ML: Herramienta accesible para crear proyectos creativos basados en IA, desde generación de imágenes hasta edición de vídeo.

2. Automatización

Software clave:

Zapier: Conecta diferentes aplicaciones para automatizar flujos de trabajo sin necesidad de programación.

UiPath: Diseñado para automatizar procesos complejos en empresas.

IFTTT: Ideal para usuarios individuales y pymes que buscan conectar aplicaciones y dispositivos.

3. Creación de Riqueza Digital

Plataformas esenciales:

Shopify: Plataforma de comercio electrónico para crear y gestionar tiendas online.

Coinbase: Una opción segura para la compra, venta y almacenamiento de criptomonedas.

Canva: Herramienta de diseño gráfico accesible y poderosa para crear contenido visual atractivo.

4. Análisis y Toma de Decisiones

Herramientas sugeridas:

Google Analytics: Plataforma para analizar datos de tráfico web y optimizar estrategias de marketing.

Power BI (Microsoft): Herramienta de inteligencia empresarial para visualizar datos y generar informes detallados.

Tableau: Diseñada para convertir datos complejos en gráficos interactivos.

Estas herramientas se destacan no solo por su robustez, sino también por la posibilidad de integrarse en flujos de trabajo existentes, lo que las convierte en aliados indispensables para el éxito digital.

Apéndice B: Glosario de Conceptos Clave

Este glosario proporciona definiciones claras y concisas de los términos más relevantes utilizados en el libro. Está diseñado tanto para principiantes como para lectores avanzados que buscan una referencia rápida.

A

Algoritmo: Conjunto de instrucciones que una máquina sigue para resolver un problema o realizar una tarea.

Aprendizaje Automático (Machine Learning): Rama de la inteligencia artificial que permite a los sistemas aprender y mejorar automáticamente a partir de la experiencia.

B

Big Data: Conjunto de datos masivos que requieren tecnologías especializadas para su procesamiento y análisis.

Blockchain: Sistema de registro digital descentralizado, conocido por su aplicación en criptomonedas como Bitcoin.

C

Criptomoneda: Moneda digital que utiliza la criptografía para asegurar transacciones y controlar la creación de nuevas unidades.

Computación en la Nube: Uso de servidores remotos para almacenar, gestionar y procesar datos.

D

Datos Estructurados: Información organizada en formatos predefinidos, como bases de datos relacionales.

Deep Learning: Subcampo del aprendizaje automático que utiliza redes neuronales profundas para procesar grandes volúmenes de datos.

I

Inteligencia Artificial (IA): Simulación de procesos de inteligencia humana por parte de sistemas informáticos.

Internet de las Cosas (IoT): Ecosistema de dispositivos conectados a internet que recopilan y comparten datos.

M

Metaverso: Entorno virtual inmersivo donde las personas interactúan mediante avatares digitales.

Minería de Datos: Proceso de extraer patrones útiles de grandes volúmenes de datos.

R

Redes Neuronales: Modelos computacionales inspirados en la estructura del cerebro humano.

Robot Proces Automation (RPA): Tecnología que automatiza tareas repetitivas mediante bots de software.

Apéndice C: Plan de Acción para los Próximos 12 Meses

Objetivo

Construir una fortaleza digital sólida aplicando las estrategias descritas en este libro de manera práctica, con resultados medibles en un año.

Mes 1-2: Diagnóstico y Preparación

Evalúa tu punto de partida:

Realiza un análisis FODA digital (Fortalezas, Oportunidades, Debilidades y Amenazas).

Identifica las áreas donde la IA y la automatización pueden generar mayor impacto.

Establece metas SMART (Específicas, Medibles, Alcanzables, Relevantes y con Tiempo definido):

Ejemplo: "Incrementar las ventas en un 20% mediante automatización de marketing en seis meses".

Invierte en aprendizaje:

Completa un curso básico de IA o automatización relevante para tu industria.

Mes 3-4: Implementación Inicial

Selecciona herramientas tecnológicas clave:

Ejemplo: Plataformas de automatización como Zapier, o de IA como ChatGPT.

Crea sistemas:

Automatiza tareas repetitivas (como el seguimiento de correos o la generación de informes).

Pilota una estrategia digital:

Lanza un proyecto piloto, como una campaña de marketing automatizada.

Mes 5-6: Optimización y Escalabilidad

Analiza resultados:

Utiliza KPI clave para medir el impacto inicial de tus esfuerzos.

Refina procesos:

Ajusta las herramientas y estrategias según los datos obtenidos.

Escala lo que funciona:

Implementa las técnicas exitosas en más áreas del negocio o proyecto.

Mes 7-9: Consolidación

Forma un equipo o red de apoyo:

Involucra colaboradores que puedan acelerar tu adopción digital.

Diversifica:

Explora nuevas aplicaciones de IA y automatización, como análisis predictivo o chatbots.

Fortalece tu presencia online:

Optimiza tu presencia en redes sociales y web para maximizar la visibilidad digital.

Mes 10-12: Innovación y Preparación para el Futuro

Explora tecnologías emergentes:

Investiga sobre blockchain, metaverso o IA generativa avanzada.

Establece un plan a largo plazo:

Define cómo integrarás las innovaciones tecnológicas en tu modelo de negocio.

Celebra y comparte logros:

Publica un caso de éxito o testimonio que inspire a otros.

Apéndice D: Casos de Éxito Inspiradores

Caso 1: Transformación Digital en una PyME

Empresa: "EcoVerde", una startup de productos sostenibles.

Desafío: El equipo tenía recursos limitados y enfrentaba dificultades para competir con marcas consolidadas.

Estrategia Aplicada:

Automatizaron su sistema de atención al cliente con un chatbot basado en IA.

Implementaron un CRM automatizado para gestionar clientes.

Resultados:

Incrementaron la retención de clientes en un 35%.

Redujeron el tiempo de respuesta en redes sociales de 24 horas a 2 minutos.

Caso 2: Incremento de Ventas con IA en un Negocio Local

Negocio: "Café Urbano", una cafetería de barrio.

Desafío: Competir con cadenas internacionales y atraer nuevos clientes.

Estrategia Aplicada:

Utilizaron IA para analizar las preferencias de los clientes mediante encuestas digitales.

Automatizaron las promociones personalizadas a través de correo electrónico.

Resultados:

Aumentaron las ventas en un 50% durante el primer trimestre.

Ganaron una base de datos de 1,000 clientes leales.

Caso 3: Innovación en una Empresa de Consultoría

Empresa: "TechSoluciones".

Desafío: Competir con consultoras más grandes en proyectos de transformación digital.

Estrategia Aplicada:

Desarrollaron herramientas propias de automatización para sus clientes.

Incorporaron IA para predecir tendencias y necesidades del mercado.

Resultados:

Obtuvieron un contrato de $500,000 gracias a sus soluciones innovadoras.

Expandió su presencia internacional en tres países nuevos.

Reflexión Final

Cada uno de estos casos demuestra que, con acción enfocada y el uso adecuado de tecnologías modernas, es posible alcanzar resultados extraordinarios, sin importar la escala o el sector.

Abraza la mentalidad del cambio: La tecnología evoluciona rápido; en lugar de temerla, conviértete en un aprendiz constante para estar siempre un paso adelante.

Automatiza lo repetitivo: Usa herramientas de IA para delegar tareas mecánicas, liberando tu tiempo para decisiones estratégicas y creativas.

Invierte en habilidades digitales: Aprender a programar, analizar datos o usar herramientas de IA es la nueva alfabetización esencial para prosperar.

Construye un ecosistema digital sólido: Integra aplicaciones, plataformas y sistemas que optimicen tu productividad y multipliquen tus ingresos.

Prioriza la ciberseguridad: Tu riqueza digital es tan fuerte como tus defensas; invierte en protección para tus datos y transacciones.

Conviértete en un estratega de la información: Filtra lo irrelevante y aprovecha los datos valiosos para tomar decisiones inteligentes y rápidas.

Adopta la inteligencia artificial como aliado: Explora asistentes virtuales, chatbots y análisis predictivos para potenciar tu negocio.

Diversifica tus fuentes de ingreso: Crea activos digitales como cursos online, ebooks o inversiones automatizadas para generar ingresos pasivos.

Explora el metaverso y la Web3: Los próximos espacios digitales serán vitales; aprende sobre NFTs, criptomonedas y economías virtuales.

Construye tu marca personal online: Sé visible en redes sociales y plataformas relevantes; las oportunidades llegan a quienes las saben comunicar.

Mantén el enfoque en la experiencia del usuario: La tecnología debe servir a las personas; diseña productos y servicios que resuelvan problemas reales.

Colabora con máquinas y humanos: El éxito radica en combinar lo mejor de la inteligencia artificial con el toque humano que conecta y fideliza.

Analiza, adapta y optimiza continuamente: Usa métricas y KPIs digitales para identificar lo que funciona y ajustar tu estrategia sobre la marcha.

Sé un visionario, pero actúa hoy: La riqueza del futuro pertenece a quienes adoptan las herramientas de hoy con un plan claro y decidido.

FIN

www.ingramcontent.com/pod-product-compliance
Lightning Source LLC
Chambersburg PA
CBHW070410230526
45471CB00006B/2744